Des livres
au livre

Marie Parra Aledo

Des livres
au livre

esthétiques

Pour Aloysia, Nélia, Gaspard, Pierre, Iris,
les enfants du monde,
que le vent qui pousse les visages leur soit favorable.

Le voyage des livres

Samedi 1er janvier.

Lecture de *Mégalomachine* de Mark Leyner que mon ami P. m'a offert.

Hôtel des A. à Paris. P. et moi continuons notre promenade vers Notre Dame et la librairie Shakespeare and Co.

Chaque Premier de l'an, je commence un récit, sur un des thèmes qui me tiennent à cœur. La liberté, l'amitié, la mémoire, les choses que je trouve belles. Texte que j'aimerais approfondir pendant l'année, au plus près de ma pensée.

Chaque année, se répètent ces rituels des Premier de l'an, jour le plus souvent serein et silencieux. Il faut cette sérénité qui nous enveloppe en particulier les jours fériés, les dimanches ou le premier jour de l'année, pour écrire et maintenir le lien amoureux à la lecture.

L'année de mes cinquante ans, je souhaitais décrire quelques-unes de mes lectures pendant l'enfance. Le projet m'entraîna à me remémorer celles qui voyagèrent avec moi tout au long de mon cheminement vers l'écriture.

Je regardais avec plaisir l'attitude sereine de ma fille, l'ingénuité de mon jeune fils. Ma culture, legs enchanté reçu de ma famille, enchanté par le socle solide de notre culture musicale, m'avait prédisposée à me tourner vers les arts. Pourrais-je à mon tour, au bout du demi-siècle de vie écoulée, passer un relais dont mes enfants pourraient être heureux ?

Moment d'observation de mon parcours, comme pour m'assurer que le bonheur que j'avais eu à fortifier mon identité par l'art et la littérature, pouvait être communiqué aux plus jeunes, à mes enfants, à tout autre enfant, comme d'autres laissent des terres, des techniques, une langue.

La lecture avait toujours été le début et l'aboutissement d'amitiés. Parce que l'on ne peut lier des amitiés qu'en « lisant » le monde, en échangeant des informations, des émotions et des expériences, qui permettent de créer une représentation de soi et de ses amis.

Et que parfois les amitiés se fondent sur un attrait commun envers des lectures, comme c'était le cas avec mon ami P., au moment où je commençais ce récit.

Écrire ces souvenirs était l'occasion de réfléchir aux échanges construits pendant mes voyages, de vérifier quelles amitiés avaient été durables. Réflexion jamais interrompue qui m'avait tenue en vie comme une respiration.

Nostalgies réveillées, livres aimés, passages, aux deux sens de relais et d'écoulement du temps. Étapes d'une éducation qui m'a permis d'écrire « mon » livre du monde, mon chant, mes rimes, à mon rythme. Quel savoir, quel secret les livres m'ont-ils livrés ? Ou de quoi m'ont-ils délivrée ?

> P. et moi avons marché vers le Jardin des Plantes et le café de la Grande Mosquée. Mon ami P. lit ces lignes pendant que j'écris, se penchant sur mon épaule. Nous jouons à nous donner des noms amusants.

Que l'on ait fréquenté ou non les librairies, l'école et les bibliothèques, l'éducation décidée pour et par soi-même, par la lecture, donne le sens même d'une vie, et d'elle dépendent les réponses que la vie nous fait entendre.

> Avons marché autour du Sacré Cœur et descendu la rue Lepic et la rue Caulaincourt. P. m'a invitée à déjeuner dans une cafétéria au rez-de-chaussée d'un grand magasin. Nous parlons de ce que représente pour nous la famille. P., ému, les larmes aux yeux, parle de l'un de ses oncles. Dans certaines sociétés, la communauté familiale compte ses membres jusqu'à cinq, six degrés collatéraux et peut atteindre plus de cent membres. P. a une famille extrêmement étendue. Il parle de son attachement à sa sœur, à ses parents qu'il qualifie de « très enfantin, très émotionnel ».

La rupture avec mes parents et mon départ de la maison familiale à seize ans, est intervenue lorsque j'ai pris conscience que jamais nous ne pourrions partager nos visions du monde. J'ai par la suite renouvelé régulièrement ces actes d'émancipation, aussi nécessaires qu'est nécessaire le renouvellement des signes amicaux pour garder vivante une amitié.

Avec cette rupture volontaire de ma relation familiale, je me sentais à la fois dépossédée d'une partie de moi-même et libérée. Comme mon ami, j'ai été longtemps prisonnière de forts sentiments émotionnels envers chaque membre de ma famille proche, où se mêlaient culpabilité, interdits, préceptes moraux, admiration, oscillant entre plaisir et angoisse.

> Du 1er janvier à aujourd'hui, notre voyage à Paris a été très agréable, comme celui de l'année dernière à la même époque, lorsque nous avons séjourné dans un très bel hôtel, près de la Fontaine de l'Observatoire, lieu symbolique, non loin de la maternité de Port Royal, lieu chargé du souvenir le plus heureux de ma vie.
>
> Il y a quelques jours, avec P., Musée Picasso et croque-monsieur au Café V., Places des Vosges.
>
> Couscous au Quartier latin. Pas aussi bon que celui que la maman de I. nous a offert à Lyon.

En échangeant avec mon ami nos expériences à propos de nos relations avec nos familles, je lui parlais des lectures qui canalisèrent le violent sentiment de révolte qui m'habitait pendant ma jeunesse et déterminèrent ma séparation avec mes parents. Ce furent d'abord les textes des penseurs russes tels que Trotski que j'abordai à seize ans, avec la forte détermination de me forger une vision le plus large possible de la société, mais surtout, dans l'intense sincérité de la jeunesse, de participer à sa transformation.

Jusqu'à mon départ du foyer parental, je m'étais formée seule, absorbée complètement dans la lecture depuis l'âge de onze ans. Avant que ma mère ne donne progressivement notre immense bibliothèque, seul bien sauvé d'un exode précipité, il y avait chez nous mille livres de poésie, de théâtre et de philosophie.

Sans répit, je lus les textes qui marquèrent profondément mon imagination. *L'homme qui rit de* Victor Hugo, *Tristan et Iseult, Les mille et une nuits, Une saison en enfer de* Rimbaud, *Le songe d'une nuit d'été* de Shakespeare, qui amplifièrent mon désir de connaître toujours davantage comment les idées traversent les âges et les mers.

Jusqu'à l'âge de seize ans, j'avais lu passionnément et beaucoup. Outre les ouvrages de la bibliothèque familiale, des livres aux titres chargés de promesses, attisaient ma curiosité, que je commandais sur un catalogue du Centre régional de documentation pédagogique auquel ma mère était inscrite en tant qu'institutrice. Mais à la question qui me tourmentait, je ne trouvais pas la réponse. Comment vivre plus heureux dans une société où je ne trouvais pas ma place, où ma famille n'avait aucune vie culturelle et où planait la menace angoissante de ne pas accéder à un emploi en harmonie avec mon attrait pour la littérature.

Dès mon arrivée au lycée, je me rendais le soir à des formations données par des militants marxistes. Il m'était extrêmement difficile de suivre les discours de ces personnes aux visages austères et ternes, mais je ne me décourageais pas et pendant plusieurs mois, jour et nuit, lisais les textes fondateurs des grandes théories économiques, dans le but de comprendre comment « *la* » révolution ébranlerait notre société responsable des souffrances de moi-même et de celles que je supposais chez mes plus proches parents. Notre exil, le regard xénophobe que posaient sur nous les habitants de la région où nous vivions et l'impasse évidente au moment de choisir ma future activité professionnelle. N'abandonnant jamais ma quête dans la forêt de la littérature, je saurais un jour faire de ces blessures une force.

Les théoriciens d'une lutte ouvrière internationale m'ouvraient de grands espoirs. Mais, quelle réalité avait cette fraternité ouvrière internationale qu'ils défendaient ? Seule l'utopie qui se vérifie toutes les fois où un ouvrier se révolte parce que « son » travail est donné à un ouvrier étranger.

Cependant, j'aimais la poésie et essayais de composer des poèmes, et ceux qui œuvraient pour une révolution qui me semblait de plus en plus imaginaire, voyaient en moi une rêveuse, et l'activité du rêve incompatible, selon eux, avec l'action politique.

Les *Cantos* de Lorca et de Neruda m'avaient éveillée à la poésie qui n'a pas vocation utilitaire et sentant l'étroitesse de vue des écrits économiques, je continuais à chercher des réponses dans la poésie et le théâtre. *L'amour fou* de Breton, *Les souffrances du jeune Werther* de Goethe, *La construction du personnage* de Stanislavski, les *Rêveries* de Rousseau, jetèrent les bases de ma compréhension de la psychologie humaine et me décidèrent à continuer à étudier les arts. Ce qui était pour moi essentiel, le temps de la réflexion, me porta naturellement à penser que seul le fait d'écrire serait la véritable et absolue Libération et que je pourrais partager la liberté gagnée. Dès ce moment, écrire resterait mon action privilégiée.

> Musée d'art moderne fermé pour travaux. Palais de Tokyo. Nous aimons les constructions, sortes de caravanes transparentes, de Loris Cecchini. L'architecture dépouillée du Palais de l'art avec le trop présent et presque exclusif matériau béton me laisse un sentiment de malaise. L'esthétique des toilettes contraste avec l'austérité du béton partout ailleurs.
>
> Je continue *Mégalomachine*. En pointillés, parce que P. m'interrompt souvent pour me faire part de ses sentiments sur tout ce qu'il voit.

Après les années de lycée, je suivis mes études à Paris.

Paris, l'espoir de la Poésie. À mon arrivée, je dormis une nuit à la librairie Shakespeare & Co qui accueillait amicalement tout voyageur de dix-sept ans, passionné et sur le chemin de ses rêves.

Consciente de mon désaccord avec les théories des penseurs dont j'avais essayé de comprendre les objectifs, m'endormant sur les livres des existentialistes, ne recevant de la part de Nietzsche aucune réponse qui m'aidât à comprendre où se nichaient les promesses d'une vie sage, je décidai de quitter Paris.

> Tout en écrivant ce journal, je parle avec P. des études qui, pendant ma fin d'adolescence à Paris, ont marqué à tout jamais les choix sur lesquels je construirais ma vie.

Je me remémorais spontanément la lecture des *Tarahumaras* d'Antonin Artaud, *Le cercle des feux* de Lizot qui impressionnèrent vivement mon imagination. Je parlais à mon ami avec enthousiasme de mon amour des librairies de Paris et de la poésie qui m'avait menée à la lecture patiente et passionnée de l'immense livre sur le *Romantisme allemand de* Roger Ayrault, du *Rivage des Syrthes* de Gracq, du *Chat Murr de* Hoffmann ou de *Hypérion* de Hölderlin.

Je citai ces titres avec ferveur, parce qu'ils restèrent toujours vivants et présents à mon esprit, et que vibrait encore en moi tout ce que j'y avais puisé lorsque, dans l'intimité de l'étude, je prenais des notes, relisais les passages à retenir, me nourrissais des idées qui déferlaient sur un monde qui m'invitait à voyager. Jaillissaient à ma mémoire les textes qui fortifièrent ma personnalité pendant les quatre ans où je vécus dans la capitale du rêve littéraire, *La pensée sauvage* de Lévi-Strauss, *Du monde clos à l'univers infini* de Koyré, *Un barbare en Asie* de Michaux, *Le déshonneur des poètes* de Benjamin Perret.

J'y trouvais surtout la détermination à ne jamais m'engouffrer dans un emploi quelconque, mais à continuer à chercher une voie en accord avec mon attrait pour la culture artistique qui, au fur et à mesure que je l'approfondissais, faisait disparaître les frontières, de langues, nationales, d'origines et de couleur de peau.

Et dans la société de mes vingt ans, pour moi qui appartenais si peu à cette société, l'accès à la culture ne dépendait que de ma seule audace à provoquer la Chance.

Je quittai Paris, choisis de partir dans un pays

lointain. Ce fut ma deuxième rupture, emportant
pour toujours les solides fondations de la maison
dans laquelle je vivrais toute une vie.

La source

L'amour des livres, de l'enchantement à l'ensorcellement, conduit parfois sur des chemins imprévus.

Attrait irrésistible qui m'a guidée vers la découverte de textes merveilleux, comme ce fut le cas avec cet écrit japonais, parmi les plus anciens[1] :

Au sommet du Mont Hiji, dans le village de Hiji,
il y a une source. Elle s'appelle Manai. Un jour, huit
nymphes descendirent du ciel et s'y baignèrent. Il y

---

1 Extrait d'un ensemble d'écrits anonymes du début de la formation du pays appelé aujourd'hui Japon, appelé Yamato au VIIIe siècle. Le texte cité ici est traduit par l'auteur, dans le cadre d'une courte étude publiée sous le titre *Fudoki Chroniques du Pays de Yamato*.

Yamato, entre autres acceptions, était le nom d'une province de l'actuelle péninsule de Kii, région aux nombeux sites sacrés, enregistrée sur la liste du patrimoine mondial de l'Unesco.

Prononciations des mots du texte Hiji, Manai, sake, Arashio : Le "h" en japonais est sonore. Le son transcrit "ai" se prononce [aj] (paille), ex : *samurai*. Le son [e] (école) est transcrit "e", ex : *sake*. Le son transcrit "r" se situe entre le l français et le r anglais.

avait là un couple de vieux. Les deux vieux allèrent à la source, prirent secrètement la robe de plumes d'une des nymphes et la cachèrent.

Peu après, les nymphes qui avaient revêtu leur robe, s'envolèrent vers le ciel. Mais celle qui n'avait pas sa robe resta. Elle cacha son corps dans l'eau. Elle était seule et se sentait honteuse.

C'est alors que le vieux demanda à la nymphe :

« Je n'ai pas d'enfant. Toi, nymphe céleste, sois mon enfant.

La nymphe lui répondit :

- Je suis restée seule parmi les humains. Je ferai ce que vous me demanderez. Veuillez me rendre ma robe.

Le vieux lui dit :

- Nymphe céleste, pourquoi cherches-tu à me tromper ?

La nymphe répondit :

- Les cœurs des êtres célestes depuis toujours sont loyaux. Pourquoi vos cœurs sont-ils plein de méfiance ? Pourquoi ne me rendez-vous pas ma robe ?

Le vieux répondit :

- Beaucoup de cœurs plein de méfiance et qui ne contiennent pas de vérité, voilà ce qu'est le monde des humains. C'est seulement parce que j'ai moi-même un tel cœur que j'ai pensé ne pas te rendre ta robe.

Mais il lui rendit sa robe et l'emmena avec lui et ils vécurent ensemble plus de dix ans. Chez les deux vieux, la nymphe dut brasser beaucoup de sake. C'était un sake dont une seule gorgée suffisait pour soigner de nombreuses maladies. Une seule cuillère de ce sake coûtait fort cher et le vieux en envoyait de pleines charretées au marché pour les vendre. C'est ainsi que sa maison et les terres de Hiji s'enrichirent. C'est pourquoi on appela ce village Hiji, ce qui signifie Bonnes terres.

Un jour, les vieux dirent à la jeune fille :

- Tu n'es pas notre enfant. Tu n'habitais ici que provisoirement. Maintenant, va-t-en.

La jeune fille regarda vers le ciel avec tristesse puis baissa les yeux et dit :

- Je ne suis pas venue ici de par ma propre volonté. C'est vous qui me l'avez demandé. Pourquoi soudainement votre cœur me déteste-t-il et me demandez-vous de partir ?

Le vieux se mit en colère et lui redemanda de s'en aller.

La nymphe céleste laissant couler ses larmes, ayant franchi le pas de la porte, s'adressa aux habitants du village :

- Il m'est impossible de retourner au ciel parce que j'ai vécu parmi les humains. Je ne connais personne chez qui aller et ne sais où aller. Que dois-je faire ? Que dois-je faire ?

Avançant ainsi, elle arriva au village de Arashio. Elle dit alors aux habitants du village :

« Repensant au cœur du vieil homme, mon cœur ne saurait être bien différent des côtes ravagées de ce village. »

C'est pourquoi ce village s'appelle Arashio qui signifie Côte ravagée.

Puis, elle avança jusqu'au village de Naki. Elle alla sous un orme et se mit à pleurer. C'est pourquoi on appelle ce village Naki, ce qui veut dire Pleurs.

Ce texte qui nous transporte à l'époque des toutes
premières littératures japonaises, pose les questions
qui ont guidé ma vie, celles de la véritable amitié,
de l'engagement, de la parole donnée et de notre
fragilité devant l'inconstance.

Le livre libre

Je ne me souviens pas d'une première lecture, mais de sensations, d'une couleur, d'une matière, du toucher satiné d'une couverture, de lettres dorées du titre, du poids d'un livre et surtout du visage auquel cet objet reste associé, celui de mon grand-père, affectueux et souriant toujours, à qui je demandais de me lire les mots indéchiffrables : *Mister Pickwick*, qu'il prononça avec l'accent espagnol.

L'objet dans tout son éclat de livre, ses lettres gravées sur la couverture en toile, portaient une interrogation qui me tiendra toujours à cœur : comment accéder à un monde de beauté. J'imaginais que des personnes capables de fabriquer un si bel objet, détenaient le secret de créer la beauté. Et il m'était possible de partager cette beauté par le seul fait de tenir ce livre entre les mains. Mais que fallait-il posséder soi-même pour pouvoir aussi créer de belles choses ?

La beauté de la bibliothèque de notre maison, avant de devoir la quitter précipitamment, exalta mon goût très vif pour les livres. Tout ce qui m'entourait était élégant ou embelli par le soin que ma grand-mère apportait à leur entretien. Rideaux, meubles, tapis, livres, tout était d'autant plus beau parce que lustré, caressé, aimé par ma grand-mère. Jusqu'à ce qu'à l'âge de sept ans je constate que ces belles choses pouvaient soudain disparaître du paysage quotidien, aussi naturellement qu'ils y avaient été toujours présents.

Tout ce qui touchait à l'écriture captivait mon attention, que ce fût un encrier comme nous en avions pendant mon enfance ou des cahiers. Et le livre de Dickens que j'avais entre les mains, alors que je commençais à apprendre à lire, n'était pas un simple livre. Il contenait toute mon admiration envers les belles choses.

Les questions me venaient à l'esprit de façon légère, aussi simples que les journées de mes premières années d'enfance étaient toujours naturellement ensoleillées. J'aimais lire en marchant. Je m'interrompais dans ma lecture encore incertaine, me demandais quelle était la meilleure manière de se tenir ou de tenir son livre. Devait-on le tenir à plat dans une seule main pendant que l'autre restait libre pour tourner la page ? Devait-on lire à voix haute ? Je découvrais la lecture mentale et m'interrogeais sur son intérêt, car j'avais vu mon père bouger les lèvres lorsqu'il lisait. Ces questions, tout naturellement étaient peut-être les premiers pas qui me portèrent à aimer les arts de la danse et de la musique qui ne dissocient pas le corps des mouvements de l'esprit.

Je me souviens de quelles étaient mes pensées et de la façon dont je les formulais mentalement. Je me demandais ce que signifiait le fait qu'une chose se produisît deux fois, trois fois, plusieurs fois... Le jeune cerveau de cinq, six ans d'homo statisticus était déjà très actif.

Il y avait souvent un questionnement à propos de la manière de faire telle ou telle chose. Je commençais souvent mes méditations par un « Est-ce plus joli, plus élégant, plus utile, de faire comme ceci ou comme cela ? ». Le fait de lire fut un de mes premiers gestes esthétiques. Bien avant de connaître *La liseuse* de Fragonard... Lorsque je voyais ce tableau dont il y avait une copie aux dimensions de l'original chez mes parents, je me remémorais en souriant mes jeux d'enfants autour de la posture idéale du corps...

Mais, les premiers grands espaces de fiction offerts par le précieux don qu'est l'imagination s'ouvrirent en écoutant attentivement la *Bible* dont mon père nous faisait la lecture, le soir, avant d'aller dormir.

Le plaisir de la réflexion domine toute cette intense activité de l'enfance où je compris que le plaisir et la réflexion, tout autant l'un que l'autre, sont libres.

C'est probablement pour cela que plus tard, je choisis de présenter des artistes. L'art invite, appelle, demande à ce que l'on écrive librement.

L'identité au cœur des livres

J'avais dix ans lorsque ma mère fut mutée dans un petit village en Normandie. Rapidement, le regard des habitants du village plaqua sur nous le mot « différents ». On nous rejetait avec la discrétion de quelqu'un qui ferme doucement sa porte avant qu'on ait eu le temps de s'en approcher. Qu'avions-nous de différent ? Nos regards dorés ? Nos chevelures voluptueuses ? Nos sourires éclatants ? Un peu de soleil gravé sur nos visages à notre naissance sur une terre exceptionnellement lumineuse.

Les garçons et les filles de notre école allaient résolument vers ceux qu'ils connaissaient, nés dans le même village, se ressemblant tous. Nous ne partagions pas les mêmes jeux.

Naquirent mes premiers sentiments de classe, d'origine et d'exclusion, mais aussi d'identité, dans cet ostracisme sans mots que les enfants, prenant exemple sur leurs parents, communiquent par leurs seuls regards, sentiments plus douloureux, plus tard, à l'adolescence.

À Paris, où aucun de ceux dont je me rapprochais, qui publiaient des poèmes et des critiques d'art, à la tête de journaux ou de maisons d'édition, ne fut proche, bienveillant, protecteur. Comme lorsque j'étais enfant dans le village en Normandie où, contraints et forcés, vivaient mes parents et leurs six enfants, je restais une étrangère : de par mon jeune âge, du fait d'être une femme dans un milieu artistique dominé par les hommes et, qui plus est, du fait de porter un nom dont ils ignoraient l'origine.

Je ne ressentis jamais cette distance et cette méfiance au Japon où je travaillai avec bonheur, acquérant l'assurance et le plaisir nécessaires pour accomplir ma vie. Au Japon « j'habitais » de tout mon cœur le pays où je « vivais » enfin.

J'emportai seuls cinq ou six livres au Japon. Les autres étaient gravés en moi. *Victory* de Conrad reflétait la matière dont étaient faits mon imaginaire et mon idéal d'un amour pur.

De la même façon que je relisais plusieurs fois

Victory, j'écoutais en boucle les *Chants* de Mahler, lisais *Peter Schlemihl* de Chamisso, découvrais Victor Segalen dont je ne me séparais pas pendant des mois, emportant partout ses poèmes *Stèles* ou *Le fils du ciel*.

J'avais eu mes premières expériences d'écriture à Paris, mais c'est au Japon que je commençai à écrire des articles sur l'art en tant qu'activité professionnelle régulière, ce qui assura ma stabilité intellectuelle et mentale. Les arts du monde m'intéressaient, mais ceux que je découvris au Japon me passionnèrent. Tout autant que les personnalités les plus charmantes et les plus intelligentes rencontrées. Les sentiments de confiance et de joie de vivre jetaient les bases de la solidité nécessaire pour fabriquer des antidotes à mes peines passées.

> Retour à Lyon. P. et moi ne parlons pas. Nous gardons avec émotion les souvenirs de ces jours à Paris.

C'est mon identité profonde, inaliénable qui se dévoilait. La fête que Paris ne m'avait pas offerte, Tôkyô me l'offrait à travers un travail en harmonie avec ma curiosité, des relations affectueuses et équilibrées jamais connues en France et, surtout, un entourage de personnes saines, équilibrées, épanouies. J'y ai beaucoup appris et aimé. Je venais de trouver une des réponses à mes attentes. Il m'était possible d'exercer une activité professionnelle complètement liée à la lecture et à la poursuite de mon étude des cultures artistiques. Les articles que j'écrivais représentaient ma place dans le monde, davantage que dans le monde du journalisme ou de la littérature. J'avais surmonté l'hostilité connue dans mon enfance et à Paris.

J'aurais d'autres épreuves à dépasser, mais les bases d'une force que rien n'affaiblirait étaient posées. L'effort que supposaient la lecture et l'écriture devrait être constant, de la même façon que celui qui hérite d'une terre doit la cultiver avec patience, pour construire une identité.

Dès que j'ai commencé à travailler au Japon, c'est à cultiver mon goût pour les arts, reçu comme une terre, que je me suis appliquée.

L'art et le métier d'écrire

Le temps de lire dont je ressentais la nécessité vitale me manquait lorsque je travaillais à écrire des articles et d'autant plus lorsque je m'absorbais dans l'apprentissage de la langue japonaise ou dans l'éducation de mes enfants pendant leur jeune âge. Cependant, petit à petit, j'organisai mes journées de travail et mes activités de jeune et déterminée journaliste-écrivain me conduisirent à de belles amitiés avec de nombreux écrivains japonais. Parmi eux, Nobuaki Takahashi, traducteur de Jacques Derrida, avec lequel je continuai à correspondre longtemps après mon retour en France, ou le traducteur de Stendhal. Je communiquai en français pendant les premières années de ce qui allait devenir mon long séjour au Japon.

> Retrouve P. le soir, parle avec lui
> de ce qui nous a occupé pendant

la journée, du sport, qu'il me commente dans le détail, de son intérêt pour l'écrivain qu'il est en train de lire, du menu de notre déjeuner du lendemain... Un peu les mêmes thèmes chaque jour, mais toujours quelque chose me réconforte et m'apaise.

Pour moi, le monde des arts japonais d'une grande beauté découvert dès que je commençai à travailler au Japon, presque aussitôt après mon arrivée, dans les années où les cultures du dessin animé n'existaient pas, suscita le désir d'approfondir la lecture des textes et de les lire dans le texte original, pour alimenter mon esprit toujours plus curieux.

Après avoir voyagé avec Conrad et Gracq, Lorca et Neruda, les arts du Japon, leur poésie que je sentais, voyais et entendais partout, m'engagèrent à vouloir traduire la pensée des artistes, espérant atténuer les stéréotypes qui collaient à la culture de ce pays.

Peu de temps avant mon départ dans ce pays dont j'ignorais tout, je lus les publications, trop rares mais précieuses, qui existaient alors, *Rashômon* de Akutagawa, les *Notes de ma cabane de moine* de Kamo no Chômei, *Les heures oisives* de Urabe Kenkô et surtout les *Notes de chevet* de Sei Shônagon, dont la grâce, la perspicacité et l'humour me marquèrent profondément. Le merveilleux *Éloge de l'ombre* de Tanizaki, tout autant me détermina plus que tout autre texte à m'immerger complètement dans la culture japonaise.

Curieuse de comprendre comment l'art occupe une place si prépondérante dans la culture japonaise et comment chaque membre de cette culture s'épanouit par la pratique de l'art, j'ai essayé de guider ma réflexion en me plaçant dans un « savoir ouvert », « sur le terrain ».

J'aurais aimé me distraire davantage, apprendre à faire toutes sortes de choses, fabriquer des meubles ou coudre des vêtements. Mais l'art d'écrire ne devient un métier qu'en abandonnant ce qui distrait de l'effort et de l'apprentissage. À certaines époques de ma vie, des activités essentielles comme aller au cinéma, ont été mises en retrait.

Écrire au rythme de la pensée, classer, ordonner, éclairer, donner à lire, dépasser le sentiment de déplaisir quand la pensée ne peut pas être exprimée, s'exercer encore. L'écriture, comme avec l'aide d'une analyse, dans le sens freudien, ou comme si je me rapprochais de l'Éveil, dans le sens bouddhique, m'a aidé à une compréhension plus claire de moi-même.

Je me suis nourrie des livres qui s'inscrivaient en moi, peu à peu, au rythme de mes expériences. Sans eux je n'aurais pas pu aimer, connaître le bonheur des rencontres d'auteurs et d'artistes pleins de grâce.

> Il y a quelque temps, P. et moi sommes allés nous promener dans une pépinière pas très loin de Lyon. Lorsque nous avons demandé à un passant si nous étions dans la bonne direction, il nous a répondu « Oui, vous êtes bien à Saint Sym », abréviation de Saint Symphorien. P. a décliné le mot « Saint Sym » en une série de jeux de mots amusants et de plaisanteries. Ses pitreries intarissables me font toujours rire.

Alors que, dans mes années de jeunesse, j'avais toujours le sentiment frustrant de manquer de temps, à présent, je ne suis plus ni pressée ni impatiente. J'ai une capacité de concentration que je n'avais pas il y a dix ou quinze ans, à cause du désir trop fougueux de répondre le mieux possible à ce que l'on attendait de moi sur les plans professionnel et familial. À présent je choisis les travaux que je désire faire, je n'ai plus à justifier mes choix. Tout me semble ouvert et accessible.

> Je parle à P. d'un article concernant des travaux menés par des artistes qui tentent de trouver des signaux capables d'être « perçus » ailleurs, à des milliers d'années lumière de notre planète, espérant que ces signaux soient captés par des êtres, aujourd'hui inconcevables. Grâce à ces signaux, ils espèrent faire connaître nos conceptions esthétiques. C'est intéressant et amusant. En japonais un seul mot désigne ce qui est amusant et ce qui est intéressant.

À vingt ans, je pensais que l'on ne pouvait pas apprendre à écrire, que ce ne pouvait qu'être un don. Mais, l'écriture peut être à la fois un art et un métier, et l'un ne va pas sans l'autre. Un métier dépend de la force d'une motivation intérieure initiale, comme l'amour reste parfois suspendu à une première vision intérieure. Rien n'explique, ne définit ni l'amour, ni le désir irrépressible d'écrire sa pensée, comme rien ne peut expliquer

le mouvement intérieur irrésistible qui fait danser
dès que résonnent certaines musiques.

Éducations

La volonté d'écrire ne peut être que reliée à un projet de vie qu'il soit social, civique, éthique. Je souhaitais parfaire les qualités que je pensais essentielles, la discrétion, la ponctualité, la clarté absolue dans les relations avec les autres. Où, ailleurs que dans la culture japonaise, aurais-je trouvé de meilleurs maîtres pour développer ces qualités ?

Mon projet éducatif prit forme en enseignant la langue japonaise à mon retour en France. Tout mon corps et mon esprit se tendaient vers l'effort de l'écriture organisée autour du projet de partager les pratiques artistiques qui ne devaient pas être des objets silencieux dans un beau musée, mais une culture universelle, généreuse, accessible et partagée par le plus grand nombre.

Je me trouvais souvent face à une contradiction car nombre de mes élèves aimaient ce dont je n'avais jamais eu l'expérience au Japon : les films d'animation et les mangas et que beaucoup pensaient apprendre le japonais en quelques semaines.

Pendant mes premières années d'enseignement, je continuais à présenter les travaux et la pensée d'artistes japonais et à approfondir les textes de Gandhi, de Freud, de Homère, et, pour le plaisir de ma mère qui, étant aveugle, ne pouvait lire que par des enregistrements sonores, l'année même de ma première expérience d'enseignement, j'enregistrai le roman historique charmant du *Luthier de Crémone* de Le Porrier dont je garde un beau souvenir.

Aujourd'hui, faisant ce travail d'introspection, de nombreux noms d'auteurs et d'artistes me reviennent à l'esprit, comme le goût d'un amour qu'on n'oubliera jamais.

Je n'ai éprouvé le bonheur que s'il était une voie avec et vers les belles choses, les belles actions altruistes et désintéressées, dont les arts font partie. Je n'étais pas intéressée par l'installation dans un confort. Le confort matériel des sociétés modernes qui font de l'homme une personne préoccupée de soi au mépris d'une vision créative du monde, souffrant de la maladie de l'ego, un mal parmi d'autres dans les « maladies modernes » que sont la recherche de l'argent, de la détente, du confort, des voyages rapides, des relations tout aussi rapides.

Puis, je suis de la génération de Serres et Deleuze, dont les livres, à peine publiés, ont marqué chaque pas sur le chemin choisi, celui où la poésie n'est pas dissociée de la philosophie.

> Promenade au parc et à l'hippodrome de Parilly pour voir courir les chevaux, assis dans l'herbe au soleil.

De mon autoéducation, je retiens que je ne voulais pas suivre les pas du féminisme tel que je le rencontrai dans ma première expérience. Je ne voulais pas « des » libertés mais « la » liberté. Or, ce que je ressentis à l'époque de mes premières expériences du féminisme, alors que je quittais à peine l'enfance, c'était qu'il fallait travailler en imitant les pratiques masculines. Deux dimensions auxquelles je n'adhérerais jamais.

Je recherchais davantage, mais en vain, les textes formateurs sur la relation entre un homme et une femme désirant devenir parents. Or, j'étais entourée, à Paris, avant que je ne décide de partir au Japon, de personnes qui ne voulait pas être parents. Quels enseignements me permettraient de ne pas être désemparée devant les questions de l'amour, du plaisir sexuel ou du rôle de chacun en tant que futur parent ? Les formes infinies de l'amour mêlées à la nécessité de construire une famille, n'étaient pas discutées pour la simple raison que la famille ne faisait plus partie des constructions à mener. Nouvelle blessure, et la plus difficile à surmonter, à l'âge où tout se décide.

Je n'avais aucun repère pour avancer sur le terrain inconnu que représentait le choix d'un homme pour construire ce que personne dans mon entourage ne voulait construire : une famille.

On voulait donc la libération et plus de famille, précisément ce qui me manquait le plus, depuis que nous avions quitté le pays de notre enfance, la musicalité de ses langues, son soleil brûlant et sa musique. Contradiction étouffante entre le choix d'une vie familiale et une libération féminine où je percevais, sous les apparences de conduites plus libres, des femmes subissant et imitant les exigences masculines.

Choisir en toute conscience, en toute liberté

et confiance ne sera peut-être donné qu'à la génération de mes petits-enfants, lorsque l'éducation sexuelle, morale, spirituelle ne pensera plus en termes de genre féminin-masculin mais en termes de personnalité individuelle.

Pour cela, dès l'enfance, on doit enseigner à considérer la lecture comme une action en soi et non un plaisir passager de détente ou de loisir.

L'acte de la lecture considéré comme une priorité est la base de toute relation équilibrée, pacifique et constructive pour soi-même et la société.

Certains ressentent la lecture comme une voie autorisée pour échapper à la société, restant hors de la vie, se consacrant à la lecture dans le seul but de ne pas être activement ancrés dans la réalité. Lire ne peut pas être une « évasion », un passe-temps.

Le livre doit être un outil pour démonter l'échafaudage des pensées préfabriquées, permettre aux individus de ne pas se laisser manipuler, de ne pas devenir des consommateurs passifs, mais les utilisateurs libres des bienfaits de la nature, l'air et le soleil, l'horizon et le ciel, car la vie est un passage dans lequel aucune violence, aucune contrainte ne doit peser sur personne.

J'ai offert à mes enfants et petits-enfants, ces livres qui ont fait de moi une personne libre et notamment l'admirable *Premier homme* de Camus.

Célébrer la vie

Le récit légendaire de *Tristan et Iseult*, alors que j'avais douze ans, et peu après le *Songe d'une nuit d'été*, m'avaient fait entrevoir le rôle prépondérant du rêve dans toute vie et la complexité inévitable des relations entre les hommes et les femmes. J'eus l'intuition des épreuves qu'il y aurait à surmonter.

Lorsque nous nous nous étions retrouvés dans le petit village en Normandie, confiants bien que comme des gens frappés de stupeur se voyant débarqués sur une île inconnue, j'avais perçu un peu de la misère de quelques-uns des habitants, à la limite de l'humanité, misère connue de tous et passée sous silence.

De la même façon que ces découvertes avaient blessé mon cœur d'enfant, plus tard, je découvris dans la ville réputée pour son histoire culturelle, l'alcoolisme et ses perversions chez des personnes se pensant poètes ou artistes.

Comment bâtir une relation d'amour, alors qu'à l'époque de mes vingt ans, l'art de la séparation et de l'engagement de courte durée, comme dans l'allégorie de *La source,* étaient une éthique chez la plupart des hommes et des femmes ?

Une malchance encore plus malheureuse m'exposa à nouveau à la violence dans la vie familiale que j'essayais de créer, mais je trouvais la force de continuer à construire la vie sereine et pacifique telle que je la rêvais.

> Hormis les nouveaux styles littéraires que P. m'a fait découvrir, il m'a aussi fait découvrir le cinéma que je ne suivais plus depuis longtemps. Nous avons vu ensemble plusieurs films admirables du poète, peintre, écrivain, philosophe génial avant d'être un cinéaste, génial, David Lynch.

Certaines personnes trouvent dans le cinéma des moments de récréation et d'évasion. Pour moi, regarder un film pour me distraire était presque impossible parce que je souhaitais précisément ne pas être distraite. Si le cinéma est un art total capable d'engager la réflexion, beaucoup n'y voient que la détente. La réflexion est une tension, rarement ou jamais une détente. Pour le cinéma, je n'eus plus de disponibilité, dès que mon premier enfant retint toute mon attention.

> P. me propose de lire les romans américains qu'il connaît bien. Je ressens à la lecture de ces romans un sentiment angoissant, comme lors d'un voyage en Colombie-Britannique, je me sentais écrasée par la nature vierge, puissante, immémoriale, par son silence.
>
> P. connaît bien la musique anglaise, américaine et le cinéma. La lecture de Victor Hugo ou la connaissance de la musique classique n'a pas été pour lui, ou pas encore, une priorité. Il n'a jamais écouté un opéra.

À l'époque de ma rencontre avec P., sur son conseil, je lus le très émouvant roman historique *Pourfendeur de Nuage* de Russel Banks. À voix haute, en l'enregistrant pour ma mère.

> Les journées se ressemblent toutes, avec mes rencontres avec P., à certaines heures, un peu rituelles.

Les livres permettent-ils de connaître ce que l'expérience de la vie ne révèle pas ? Pour mieux aider les autres, pour mieux les aimer. À cette question, je trouvais des réponses partielles. Le plus difficile était de les assembler. Je craignais que les livres ne s'accumulent plus vite que je n'avais le temps d'en extraire un enseignement. J'appris à me délester, à désapprendre, à me défaire de ce dont on s'encombre quand on croit pouvoir retenir ce qui pourtant n'empêchera pas les vies de s'écouler, les unes après les autres.

La réalité des amitiés éphémères et fragiles, l'impossible transparence des relations, nous rend indifférents aux autres, mais dès que réapparaît quelque chose du bonheur de l'enfance, c'est toute forme de vie que l'on veut protéger, partager et célébrer.

Enfants du monde

Mes amis m'ont aidée à reconnaître la beauté des choses qui nous entourent, celle de livres, de musiques ou d'actions. Je suis allée avec assurance à la rencontre des belles personnes et des belles choses, avec l'intuition de leur existence, depuis ma plus petite enfance.

Ma fille, dans sa façon profonde d'aborder la vie, mon fils dans sa manière déterminée d'exprimer ses désaccords, m'ont beaucoup appris aussi.

À la naissance de ma fille qui m'apporta le plus grand bonheur, je me souviens de quelques semaines paisibles, immergée dans la lecture de la poésie japonaise, dans les traductions de René Sieffert rencontré lors d'une fête que mon ami Hayashi Yoshifumi et moi avions offerte chez Meret Oppenheim dont la gentillesse et l'élégance m'aidèrent souvent à garder confiance en moi.

Quelques années plus tard, à la naissance de

mon fils, c'était davantage l'étude de la langue japonaise qui m'occupait complètement. Je découvris les *Instructions au cuisinier zen*, un écrit peu connu de Dôgen et l'ouvrage *Le Geste et l'esprit* de Yves Pouliquen. Le nom même de ce professeur m'émeut parce qu'il fut le médecin ophtalmologiste qui opéra ma mère et ceux de mes frères et sœurs qui souffraient de la maladie du glaucome.

Je découvrais aussi Natsume Sôseki, dans la traduction de Jean Cholley devenu mon collègue et directeur de thèse et qui proposait dans ses cours l'étude des textes japonais anciens que j'avais lus en français dans ma jeunesse.

Chaque lecture est restée vivante à mon esprit avec la même intensité que lorsque je l'ai découverte, aimée, approfondie, abandonnée pour mieux la reprendre, aussi intensément que le souvenir des lieux et de leur atmosphère où mes enfants sont nés.

L'amour des livres est un jardin secret dans lequel ne peut pénétrer que celui qui possède les qualités telles que celles que l'on prête à la personne aimée. De même que lorsque l'on est proche de quelqu'un l'on peut parfois se comprendre sans parler, l'acte silencieux de la lecture, dans une relation de respect et d'admiration envers un auteur, est semblable à une relation amoureuse.

Les enfants et les jeunes gens m'ont aidée par leur regard curieux et critique. Ils ne m'ont pas guérie du doute, plus vif que durant la première partie de ma vie.

La gaieté et l'humour guérissent de tout sauf du doute. Mais, de l'intensité du doute naissent une énergie, une attitude vigilante, plus critique, la juste distance, utile devant les aléas.

Si j'avais été active dans d'autres domaines professionnels que celui qui a été le mien, je n'aurais pas seulement créé des écoles dans les régions qui en sont privées, j'aurais créé la libre et gratuite distribution de tous les livres, pour tous les enfants du monde, traduits dans toutes les langues du monde.

Que des enfants aient conscience de la valeur de leur liberté de pensée grâce aux livres, que souhaiter de plus heureux, si ce n'est qu'ils aiment

et soient aimés sans jamais perdre cette liberté de
pensée.

La rencontre de « *La Perle* »

Longtemps après avoir écrit ce journal, un ami connu lorsque nous avions une vingtaine d'années, m'offrit une nouvelle qu'il venait d'écrire.

Sa lecture révéla instantanément une réponse aux questions que je m'étais sans cesse posées, de la même façon que certaines substances chimiques peuvent révéler la présence d'une autre substance par simple contact.

Une réponse pleine d'espoir à moi qui avais si souvent douté de l'authenticité des unions et des relations amicales, qui cherchais comment toujours préserver en soi l'élan créateur, qui avais souhaité plus que tout la constance et le véritable engagement dans les relations d'amour et d'amitié.

La langue pure et poétique de *Perle*, la nouvelle de mon ami Yûjin Koyama, prolifique artiste et auteur, son style, empreint parfois de l'atmosphère d'un Japon passé imaginaire, me séduisaient, reflets de la culture japonaise que j'avais connue, qui aime parfaire, polir, embellir.

Lisant cette nouvelle, d'une part, je ne pouvais plus retenir de l'apologue de *La source* que les amitiés sont tôt vouées à s'éteindre, car elle m'assurait que celles créées dans ma jeunesse, dans l'amour partagé des arts, avaient bien été des amitiés d'une vie.

Puis, la nouvelle portait l'espoir merveilleux que chacun puisse croire en ce qu'il conçoit comme étant beau, le fasse grandir en lui, comme l'huître protège et donne forme au creux de sa chair, à une future perle.

De même que je reçus *Perle* comme le cadeau d'une amitié indéfectible et le cadeau d'une pensée qui sait que la beauté est en nous, prête à naître dès que l'on veut bien la cultiver, si l'on n'abandonne pas ses rêves, la nouvelle fut offerte aux lecteurs dans plusieurs traductions.

L'amitié ne se définit que par le don désintéressé, tel le pont qui, dans l'esprit bouddhique, est l'image du don généreux, permettant à ceux qui l'emprunteront, sans jamais penser à ceux qui leur en firent don en le construisant, de passer d'une rive à l'autre.

Perle porte le désir des constructeurs de ponts qui s'expriment par l'art de l'écriture, matérialisée sous la forme du livre, de papier et d'encre, réel ou virtuel, si léger dans la main ou sur la liseuse.

Le désir qui, depuis les tablettes d'argile de l'antique Mésopotamie, assure à tous les hommes d'emprunter des ponts pour se rencontrer et partager leurs rêves.

*

Auteurs cités et noms japonais

DES LIVRES AU LIVRE

Achevé d'imprimé par Lightning Source
Dépôt légal 2ème trimestre 2016

www.ingramcontent.com/pod-product-compliance
Lightning Source LLC
Chambersburg PA
CBHW060450160726
47992CB00003B/1158